1

Welche bis heute erscheinende Zeitschrift bereichert den Alltag seit 1960?

a „Schöner Wohnen"

b „Brigitte"

c „Frau im Spiegel"

2

Welche Innovation kam ab 1959 bei der Polizei zum Einsatz?

a Nachtsichtgeräte

b Funk-Peilgeräte

c Mobile Radargeräte

1959-1963 *Alltag* Fragen

1

a: Das „Journal für Haus, Wohnung, Garten und Gastlichkeit" erscheint seit Januar 1960, während die „Brigitte" schon seit 1954 und „Frau im Spiegel" schon seit 1945 die Leserschaft erfreuen.

2

ullstein bild – Stark-Otto

c: Das „Telefunken VRG 2" zur Geschwindigkeitsüberprüfung wurde erstmals am 15. Februar 1959 im Regierungsbezirk Düsseldorf genutzt.

3

Sauberkeit muss sein!
Was wurde 1962 patentiert?

a Die Autowaschanlage

b Der Hochdruckreiniger

c Das Microfaser-Putztuch

4

Im ZDF tauchten 1963 die sechs Mainzelmännchen auf. Wie hieß das mit der Brille?

a Berti

b Conny

c Det

1959-1963 *Alltag* Fragen

3

a: Zwei deutsche Ingenieure ließen sich ein System patentieren, bei dem in einer Waschhalle zwei Bürsten um ein stehendes Auto fahren: die erste Waschanlage für Kraftfahrzeuge.

4

ullstein bild – ullstein bild

c: „Guudnn Aaaabnd." Die Mainzelmännchen wurden erstmals am 2. April 1963 im ZDF gezeigt. Dazu gehören: Anton – der Tollpatsch, Berti – der Ideengeber, Conny – der Kleinste, Edi – der Schelm, Fritzchen – der Stille und Det – der Kluge mit Brille.

5

Wer führte die „Küchendebatte"?

a Der Bundestag über die Rolle der Frau

b Nixon und Chruschtschow über politische Systeme

c Französische Studenten über die Bedeutung ihrer Mensa

6

Wie verhinderte ein russischer Offizier 1962 einen Atomkrieg?

a Durch Überlaufen

b Durch Befehlsverweigerung

c Durch Kidnapping

5

b: Der US-Vizepräsident Richard Nixon und der sowjetische Ministerpräsident Nikita Chruschtschow besuchten 1959 gemeinsam eine amerikanische Ausstellung in Moskau. Vor einer amerikanischen Modellküche führten sie vor laufender Kamera eine leidenschaftliche Debatte über die Vor- und Nachteile von Kommunismus bzw. Kapitalismus.

6

picture-alliance/akg

b: Wassili Alexandrowitsch Archipow war während der Kubakrise Offizier auf einem sowjetischen Atom-U-Boot. Als die Krise zu eskalieren drohte, weigerte er sich, ohne weitere direkte Befehle aus Moskau, einen Atom-Torpedo abzufeuern.

7

Welches Gebiet wurde erst 1959 ein Bundesstaat der Vereinigten Staaten von Amerika?

a Alaska

b Kalifornien

c Hawaii

8

Wo fand das tödliche Attentat auf US-Präsident John F. Kennedy statt?

a In Dallas

b In Denver

c In Philadelphia

7

a + c: Der „Last Frontier-Staat" wurde am 3. Januar und der „Aloha-Staat" am 21. August der 49. bzw. 50. Bundesstaat der USA.

8

ullstein bild – TopFoto

a: „JFK", der 35. US-Präsident, wurde am 22. November 1963 auf einer Wahlkampfreise in Dallas von zwei Gewehrschüssen tödlich getroffen.

9

Warum blieb das Finale des Europapokals der Landesmeister 1960 in Glasgow unvergessen?

a Deutschland erreichte erstmals das Endspiel

b Es spielten Amateure gegen Profis

c Es war das torreichste Finale im gesamten Wettbewerb

10

Was gab es bei den Olympischen Spielen 1960 in Rom zum ersten Mal?

a Eine Medaille für einen Schwarzafrikaner

b Die Paralympischen Spiele

c Die Vergabe von Fernsehrechten

9

a, b + c: Der 18. Mai 1960 gilt als Sternstunde des Fußballs. Als erstes deutsches Fußballteam stand die Mannschaft von Eintracht Frankfurt, in der zum größten Teil Amateure spielten, im Finale des Europapokals der Landesmeister, der heutigen UEFA Champions League. Zwar gewann Real Madrid überlegen mit 7:3, dennoch wurde die dramatische Partie zum besten Europapokalfinale aller Zeiten gekürt.

ullstein bild – dpa

10

a, b + c: Olympia 1960: Die erste olympische Medaille für einen Schwarzafrikaner überhaupt ging an den Boxer Clement Quartey aus Ghana. Im September fanden die ersten „Weltspiele der Gelähmten" statt und erstmals erwarb ein Fernsehsender die Exklusivrechte für die Übertragungen.

11

Die Fußballweltmeisterschaft 1962 fand erstmals in Südamerika statt. Welches Land war Gastgeber?

a Argentinien

b Brasilien

c Chile

12

Die deutsche Elf gelangte 1962 nur ins WM-Viertelfinale und aus dem „Zauberer von Bern" wurde über Nacht der „Maurer von Santiago". Wie hieß der so bezeichnete Trainer?

a Helmut Schön

b Joset „Sepp" Herberger

c Josef „Jupp" Derwall

11

c: Als Austragungsland der WM wurde überraschenderweise Chile gewählt, obwohl es fußballerisch nicht zu den Favoriten gehörte. Tatsächlich klagte man später über schlechte Zuschauerzahlen.

12

ullstein bild – Schirner

b: 1962 war der letzte WM-Einsatz für Nationaltrainer Sepp Herberger (1936 – 1964), der besonders wegen seiner Bonmots wie „Der Ball ist rund" oder „Das Spiel dauert 90 Minuten" unvergessen ist. Seine Nachfolger waren Helmut Schön (1964 – 1978) und Jupp Derwall (1978 – 1984).

13

"Jim Knopf und Lukas der Lokomotivführer" leben auf Lummerland. Wie hieß der König der Insel?

ullstein bild – Röhnert

a König Anton der Halb-Achte

b König Albert der Dreiviertelte

c König Alfons der Viertel-vor-Zwölfte

14

Wie wurde Barbara Millicent Roberts berühmt?

a Als Nebendarstellerin in „Ben Hur"

b Als Spielzeugpuppe

c Als Erfinderin künstlicher Haare

1959-1963 *Kultur* Fragen

13

c: Das Kinderbuch von Michael Ende erschien 1960 und wurde ab 1961 von der Augsburger Puppenkiste aufgeführt. Seinen Namen erhielt der gute Inselchef, weil er um viertel vor zwölf geboren wurde und an Feiertagen um viertel vor zwölf ans Fenster tritt und winkt.

14

ullstein bild – bpk/Alexander Enger

b: Als „Barbie" wurde die im März 1959 vorgestellte Puppe zum Klassiker im Spielzimmer, von der, statistisch gesehen, heute noch drei Stück pro Sekunde verkauft werden.

15

Was beschreibt „The Day the Music Died"?

a Die Auflösung eines Plattenlabels

b Einen tödlichen Flugzeugabsturz

c Das Unglück in einer Konzerthalle

16

Warum wird in dem in Hamburg aufgezeichneten Sketch „Dinner for One" Englisch gesprochen?

a Die Aufnahme war für das englische Fernsehen

b Im Theater saßen nur englische Marineangehörige

c Butler Freddie Frinton weigerte sich, Deutsch zu sprechen

1959-1963 *Kultur* Fragen

15

b: Die zentrale Verszeile aus dem Don-McLean-Song „American Pie" bezeichnet den 3. Februar 1959. An diesem Tag kamen die berühmten Musiker Buddy Holly, Ritchie Valens und Jiles Perry „The Big Bopper" Richardson beim Absturz eines Kleinflugzeugs ums Leben.

ullstein bild – glasshouse images

16

c: Nach einer Aufführung in einer Peter-Frankenfeld-Sendung wurde der Sketch am 8. Juli 1963 in einem Hamburger Theater vor Publikum wiederholt und aufgezeichnet. Frinton, der Darsteller von Butler James, war im Zweiten Weltkrieg Truppenbetreuer gewesen und hatte keine hohe Meinung von den Deutschen, weshalb er sich weigerte, den Sketch auf Deutsch zu spielen.

17

Welcher Kleinwagen eroberte ab 1959 die Straßen?

a Der Opel Kadett A

b Der Austin Mini

c Der Citroën 2CV

18

Womit sorgte Philips auf der Internationalen Funkausstellung 1963 in Westberlin für Aufsehen?

a Mit dem Rauschverminderungsverfahren Dolby

b Mit dem Kassettenrekorder und der Audio-Kassette

c Mit dem Plattenspieler mit Funk-Kopfhörer

17

b: Der erste englische Mini-Flitzer rollte am 18. August 1959 vom Fließband und wurde als Austin Mini, Morris Mini Minor, Austin Mini oder Seven verkauft. Die Marke Mini bildete sich erst zehn Jahre später. Kadett und „Ente" entstanden 1962/63.

ullstein bild – Heritage Images

18

b: Was zuvor nur mit großen Tonbandgeräten und riesigen Tonbändern gelang, funktionierte ab 1963 mit handlichen Kassettenrekordern und Kassetten, die neben der Schallplatte bald zum meistgenutzten Audio-Medium wurden.

19

Was gelang dem Schweizer Jacques Piccard 1960 erstmals mit einem „Bathyscaph"?

a Der Tiefseetauchrekord

b Eine Herztransplantation

c Das Laserlicht

20

Welches Licht ging der Menschheit 1962 auf?

a Die LED

b Die Halogenlampe

c Die Leuchtstoffröhre

19

ullstein bild – Keystone

a: Mit seinem Tiefseetauchgerät (griech. Bathos „Tiefe", Skaphos „Schiff") gelang es dem Ozeanografen, im Januar 1960 auf den Grund des Challengertiefs im Marianengraben (10 916 m) zu tauchen.

20

a: Die englische Bezeichnung „light-emitting diode" kennen wir heute als Leuchtdiode oder kurz LED. Als Erfinder gilt der US-Amerikaner Nick Holonyak Jr., der die rote Leuchtdiode bis Anfang 1962 entwickelt hat.

21

Welcher Höchstwert wurde 1964 mit der Zahl 1 357 304 erreicht?

a Die Mitgliederzahl aller Fußballvereine

b Die Summe aller Neugeborenen

c Die Anzahl aller Kfz-Neuzulassungen

22

Für welches Waschmittel warb der Spruch: „Nicht nur sauber, sondern rein"?

a Ariel

b Omo

c Dash

1964–1968 *Alltag* Fragen

21

b: In diesem Jahr erreichte der Baby-Boom mit über 1,3 Millionen Geburten in Deutschland seinen Höhepunkt.

22

ullstein bild – Thierlein

a: Mit ihrer Rolle als waschende Klempnerin „Klementine" wurde die Schauspielerin Johanna König ab 1968 zur Kultfigur der Werbung und ihr Spruch zum geflügelten Wort.

23

Was wurde 1968 erstmals über ein Versandhaus vertrieben?

a Tiefkühlkost

b Motorräder

c Pauschalreisen

24

Welche Neuigkeit im Straßenverkehr wurde 1964 angeordnet?

a Die Fahrtrichtungsanzeige zum Fahrspurwechsel

b 50 km/h Höchstgeschwindigkeit in geschlossener Ortschaft

c Auf Zebrastreifen haben Fußgänger immer Vorrang

1964-1968 **Alltag** Fragen

23

a: Bereits seit 1957 fanden sich in Deutschlands Truhen Fischstäbchen und Spinat, konnten sich aber nicht so recht durchsetzen. Dann kam das Quelle-Versandhaus auf die Idee, die Frostkost nach Hause zu liefern. 1975 betrug der Pro-Kopf-Verbrauch von Tiefkühlkost bereits 12,5 kg pro Jahr.

24

ullstein bild – Werner OTTO

c: Die Geschwindigkeiten in Orten wurde schon 1957, das Blinken zum Überholen erst 1971 eingeführt.

25

Wie hoch war die am 1. Januar 1968 eingeführte Mehrwertsteuer?

a 7 %

b 10 %

c 14 %

26

Die 1000-DM-Banknote wurde erstmals 1964 herausgegeben. Was war auf ihr abgebildet?

a Ein Männerporträt und der Limburger Dom

b Ein Männerporträt und das Holstentor

c Ein Männerporträt und die Burg Eltz

25

b: Schon im Juni 1968 stieg sie auf 11 %, 1978 auf 12, 1979 auf 13, 1983 auf 14, 1993 auf 15, 1998 auf 16 und schließlich 2007 auf 19 %.

26

a: Auf der Vorderseite war der Dom und rückseitig ein Männerportrait nach einem Gemälde von Lucas Cranach d. Ä. zu sehen. Das Holstentor zierte den 50-DM-Schein (1962), die Burg Eltz den 500-DM-Schein (1965).

ullstein bild – Gisbert Paech

27

Welches Land hisste 1965 erstmals seine heutige Nationalflagge?

a Kuba

b Kanada

c Spanien

28

Der 2. Juni 1967 gilt als Auslöser der radikalen westdeutschen Studentenbewegung. Was war geschehen?

a Ein Attentat wurde auf Studentenführer Rudi Dutschke verübt

b Der Sozialistische Deutsche Studentenbund (SDS) wurde gegründet

c Der Student Benno Ohnesorg wurde erschossen

1964-1968 *Politik* Fragen

27

b: Die kubanische Flagge gibt es seit 1902, die spanische Flagge mit Wappen wurde erst 1981 eingeführt. Die „Maple Leaf Flag" mit dem roten Ahornblatt löste in Kanada verschiedene Varianten mit dem britischen Union Jack ab.

28

ullstein bild – Wieczorek

c: Der Student Rudi Dutschke wurde während einer Demonstration in Westberlin gegen den Staatsbesuch von Schah Mohammad Reza Pahlavi von einem Polizisten aus kurzer Distanz erschossen. Erst 2009 stellte sich heraus, dass dieser Polizist geheimer Mitarbeiter der DDR-Staatssicherheit war. Das Attentat auf Dutschke, an dessen Spätfolgen er 1979 starb, fand am 11. April 1968 statt. Der SDS bildete von 1962 bis 1970 die einzige parteiunabhängige sozialistische Hochschulorganisation des Landes.

29

ullstein bild – mirrorpix

Warum wurde
John Surtees mit seinem Formel-1-Sieg
1964 zur Rennsportlegende?

a Er war der bis heute älteste Formel-1-Sieger

b Er war Formel-1- und Motorrad-Weltmeister

c Er kam mit nur drei Rädern ins Ziel

30

Welche Funsportart wurde am 21. Mai
1967 in Kalifornien geboren?

a Windsurfen

b Sandboarden

c Frisbee-Golf

29

b: Dem britischen Rennfahrer gelang es als bisher einzigem Fahrer sowohl auf dem Motorrad (sieben Titel) als auch in der Formel 1 Weltmeister zu werden.

30

sparkie/pixelio.de

a: An diesem Tag ging der Ingenieur Jim Drake mit seinem Surfbrett, auf das er einen beweglichen Mastfuß und ein Segel mit Gabelbaum montiert hatte, zum ersten Mal aufs Wasser. Das „Stehsegeln" wurde schnell weltweit populär.

31

Warum verwies man bei Olympia 1968 zwei farbige US-Leichtathleten des olympischen Dorfes?

a Sie zeigten den Black-Power-Gruß bei der Siegerehrung

b Sie absolvierten den 200-m-Sprint barfuß

c Sie weigerten sich, gegen südafrikanische Sportler anzutreten

32

Drin oder nicht drin? Warum war das Wembley-Tor im WM-Endspiel 1966 Deutschland – England entscheidend für den neuen Weltmeister?

a Es wurde nicht für Deutschland gegeben

b Es wurde nicht für England gegeben

c Es wurde für England gegeben

31

a: Auf dem Siegertreppchen hoben Tommie Smith und John Carlos – während die amerikanische Nationalhymne gespielt wurde – ihre schwarz behandschuhten Fäuste zum Gruß der Black-Power-Bewegung, um gegen den Rassismus in ihrer Heimat zu demonstrieren. Sie wurden aus Team und Dorf ausgeschlossen.

(c) dpa – Report

32

c: Der umstrittene Lattenabpraller von Geoff Hurst wurde für England gezählt und führte in der 101. Minute des Spiels zum 3:2 Führungsstand. Da man sich bereits in der Nachspielzeit befand, öffnete die deutsche Elf ihre Abwehr für den Gegenangriff und kassierte in den letzten Sekunden des Spiels, als bereits die ersten Zuschauer über das Feld liefen, einen weiteren Treffer zum 4:2-Endstand für England.

33

Wie heißt die folgenreichste Westernserie der Welt?

a „Bonanza"

b „Rauchende Colts"

c „Die Leute von der Shiloh Ranch"

34

Welche Comic-Reihe erschien erstmals 1967 im deutschen Zeitschriftenhandel?

ullstein bild – Oscar Poss

a „Clever und Smart"

b „Lustiges Taschenbuch"

c „Tim und Struppi"

1964-1968 *Kultur* Fragen

33

b: Zwar wurden ab 1967 in Deutschland nur 229 Folgen gezeigt, dennoch ist die „Gunsmoke"-Serie um Marshal Matt Dillon, Festus und Miss Kitty mit insgesamt 635 Folgen vor „Bonanza" (430 Folgen) und „Shiloh Ranch" (249 Folgen) eindeutig die Folgenreichste.

ullstein bild – United Archives/PictureLux/T

34

b: „Der Kolumbusfalter und andere Abenteuer" war das erste von inzwischen über 500 Lustigen Taschenbüchern aus dem Enten- und Mäuse-Universum.

35

Welcher Film hatte 1968 in Deutschland die meisten Zuschauer?

a „Zur Sache, Schätzchen"

b „Das Dschungelbuch"

c „Planet der Affen"

36

Welcher Musiker behauptete 1966 von seiner Band: „We're more popular than Jesus now."

a John Lennon über The Beatles

b Keith Richards über The Rolling Stones

c Jim Morrison über The Doors

1964-1968 *Kultur* Fragen

35

b: Der Disney-Klassiker mit Dschungelkind Mowgli und dem Bären Balu lag mit 7,6 Mio. an der Spitze der deutschen Kino-Charts. 6,5 Mio. bewunderten den Striptease der flotten Barbara (Uschi Glas), während nur 2 Mio. (Platz 16) mit Charlton Heston einen Zeitsprung wagten.

36

ullstein bild – Peter Timm

a: Die in einem Interview geäußerte Behauptung Lennons sorgte besonders in den USA für heftige Reaktionen und ging so weit, dass einige Radio-stationen die Lieder der Beatles boykottierten.

37

1967 wurde der erste Mensch in Kryostase versetzt. Worum geht es dabei?

a Um hypnotischen Tiefschlaf für die Raumfahrt

b Um das Einfrieren des Körpers für eine Wiederbelebung in der Zukunft

c Um Flüssigkeitszugabe zum Ausgleich großer Druckverhältnisse

38

Bei der ersten Umrundung des Mondes schoss die Crew eines der bedeutendsten Fotos der Geschichte. Was sah sie?

a Den Schatten der Apollo-8-Kapsel auf der Mondoberfläche

b Den Aufgang der Erde hinter dem Mond

c Die Konturen eines Menschen aus Schatten und Geröll

37

b: Nach seinem Tod wurde James Bedford am 12. Januar 1967 bei -196 °C in flüssigem Stickstoff eingelagert und bis heute aufbewahrt. Es war die erste Kryokonservierung eines Menschen.

38

ullstein bild – NMSI/Science Museum

b: Die Aufnahme vom Aufgang der blauen Erde mit ihrer hauchdünnen Atmosphäre über der lebensfeindlichen Mondoberfläche gilt vielen als eines der wichtigsten Fotos der Menschheitsgeschichte.

39

Was war 1964 ursprünglich als Weihnachtsgeschenk für die Kinder von Geschäftspartnern entwickelt worden, um dann weltweit die Spielzimmer zu erobern?

a Fischertechnik

b Plasticant

c Baufix

40

Wodurch wurde der Formel-1-Sport im Jahre 1968 revolutioniert?

a Durch Rennwagen mit Heckflügeln

b Durch Rennwagen mit Gasturbinen

c Durch Rennwagen mit sechs Rädern

39

ullstein bild – Kasperski

a: Die von Artur Fischer 1964/65 erfundenen Metallbaukästen sind die Klassiker im Kinderzimmer. Aber auch die Holzwerkzeuge und -bauelemente von Baufix (ab 1900) und die Kunststoffröhren und gelben Dübel von Plasticant (ab 1951) erfreuten sich seinerzeit großer Beliebtheit.

40

a: Tatsächlich wurde in der Rennsaison 1968 erstmals mit Spoilern und Heckflügeln experimentiert, die seither den Rennsport geprägt haben. Versuche mit Gasturbinen und sechs Rädern scheiterten Mitte der 1970er-Jahre.

41

Wo eröffnete die erste McDonald's-Filiale in Deutschland?

a In Berlin

b In München

c In Frankfurt

42

Welcher Turm ist seit 1969 das höchste Gebäude Deutschlands?

a Der Berliner Fernsehturm

b Der Münchener Olympiaturm

c Der Frankfurter Europaturm

1969-1973 *Alltag* Fragen

41

b: Die erste deutsche Filiale des amerikanischen Burgerbraters öffnete am 4. Dezember 1971 an der Martin-Luther-Straße in München/Obergiesing seine Pforten, nach den Niederlanden (Aug. 71) und vor England (Okt. 74). Die Filiale ist bis heute in Betrieb.

42

ullstein bild – Herbert Maschke

a: Seit seiner Einweihung am 3. Oktober 1969 überragt der Fernsehturm mit seiner markanten Turmkugel sämtliche Bauwerke Deutschlands und ist mit heute 368 m Höhe das vierthöchste frei stehende Gebäude Europas. Höher als der ältere Olympiaturm (1968, 291 m) und der jüngere Europaturm (1979, 337 m).

43

Welches Magazin mit viel nackter Haut auf dem Cover erschien ab 1972 in Deutschland?

a „Playboy"

b „Neue Revue"

c „Quick"

44

Warum waren Deutschlands Straßen am 25. November 1973 wie leergefegt?

a Im Fernsehen lief der Science-Fiction-Film „Das Millionenspiel"

b Die Kennedy-Onassis-Hochzeit wurde live übertragen

c Es war der erste gesetzliche autofreie Sonntag

1969-1973 *Alltag* Fragen

43

a: Während die spätere „Neue Revue" schon seit 1947 (bis 2008) und die „Quick" schon seit 1948 (bis 1992) die deutschen Männer mit schlüpfrigen Themen, skandalöser Nacktheit und spannenden Promi-Reportagen köderten, kam Hugh Hefners 1953 gegründeter „Playboy" erst am 1. August 1972 in Deutschland an. Auf dem Cover posierte, für Playboy-Verhältnisse noch recht züchtig, Gaby Heier.

44

ullstein bild – Mathias Krohn

c: Als die OPEC den Ölpreis um 70 Prozent anhob, kam es zur ersten großen Ölkrise. Die Bundesregierung reagierte mit dem Energiesicherungsgesetz, das am Sonntag, den 25. November 1973 zum ersten Mal ein bundesweites Fahrverbot sowie Tempolimits anordnete. Weitere Termine waren der 2., 9. und 16. Dezember des Jahres. Der Film „Das Millionenspiel" war 1970 ein echter Straßenfeger, während die Hochzeit von Präsidentenwitwe und Tankerkönig im Jahre 1968 nicht von Fernsehkameras begleitet wurde.

45

Welche Geste wurde zum bedeutenden Symbol einer versöhnlichen Ostpolitik?

a Eine Umarmung von Bundespräsident Gustav Heinemann

b Ein Kniefall von Bundeskanzler Willy Brandt

c Ein Wangenkuss von Vizebundeskanzler Walter Scheel

46

Welches Gesetz für die Emanzipation der Frau wurde 1972 erlassen?

a Frauen dürfen nicht mehr „Fräulein" genannt werden

b Frauen dürfen ihr eigenes Bankkonto eröffnen

c Frauen dürfen ohne Erlaubnis des Ehemanns arbeiten

45

ullstein bild – Sven Simon

b: Am 7. Dezember 1970 besuchte Brandt als erster deutscher Regierungschef nach dem Zweiten Weltkrieg Polen, um dort den Warschauer Vertrag zur Normalisierung der Beziehungen zu unterzeichnen. Am Ehrenmal des Warschauer Ghettos legte er einen Kranz nieder und sank spontan in die Knie. Diese demütige Bitte um Vergebung wurde international zum Symbol der Ostpolitik. Ein Jahr später erhielt Brandt den Friedensnobelpreis.

46

a: Der Innenminister verfügte am 16. Januar 1972, dass der Gebrauch des Wortes „Fräulein" für unverheiratete, berufstätige Frauen in Bundesbehörden zu unterlassen sei. Ein eigenes Bankkonto konnten Frauen ab 1957 einrichten, während sie noch bis 1977 nicht ohne Erlaubnis des Ehemanns arbeiten durften.

47

Was bedeutete der Radikalenerlass?

a Wegen der Krebs erregenden freien Radikalen wurde verbleites Benzin verboten

b Wer radikale Ansichten vertrat, durfte nicht im öffentlichen Dienst arbeiten

c Die Haftstrafe für radikale Extremisten wurde verdoppelt

48

Was löste 1969 den „Stonewall-Aufstand" in New York aus?

a Eine Polizeirazzia in einer Homosexuellenbar

b Der Abriss eines Künstlerquartiers

c Die Ummauerung eines exklusiven Wohnviertels

47

b: Nach dem Radikalenerlass von 1972 durften Beamte nicht Mitglied in einer extremistischen Organisation sein. Wer in den öffentlichen Dienst eintreten wollte, wurde vom Verfassungsschutz überprüft. Es wurden zahlreiche Entlassungen und Berufsverbote ausgesprochen.

ullstein bild – Klaus Rose

48

a: Der Aufstand am 28. Juni 1969 begann im „Stonewall Inn" in der Christopher Street, einem beliebten Treffpunkt von Homosexuellen und anderen sexuellen Minderheiten, die immer wieder gewalttätigen Polizeirazzien ausgesetzt waren. In Deutschland erinnert der „Christopher Street Day" daran.

49

Wann wurde Jackie Stewart Formel-1-Weltmeister?

a 1969

b 1971

c 1973

ullstein bild – mirrorpix

50

Warum war der 3. Februar 1973 ein Highlight in der Sendung „Das aktuelle Sportstudio"?

a Es wurde erstmals von einer Frau moderiert

b Erstmals gab es fünf Torwandtreffer

c Ein Schimpanse stahl allen die Show

49

a, b + c: Der Rennfahrer Sir John Young „Jackie" Stewart wurde in dieser Klasse dreimal Weltmeister. Der 1939 in Schottland geborene Stewart ist heute (2018) der älteste noch lebende Formel-1-Weltmeister.

50

ullstein bild – Horstmüller

a: Die seit 1963 ausgestrahlte Erfolgssendung war bis zu diesem Datum, als Carmen Thomas die Moderation übernahm, eine reine Männerdomäne. Sie moderierte 14 Folgen. Unvergessen ist ihr „Schalke 05"-Versprecher vom 21. Juli 1973. Bereits 1971 hatte ein Schimpanse der Frau des ehemaligen Schwimm-Olympiasiegers und Tarzan-Darstellers Johnny Weissmüller die Perücke vom Kopf gerissen. Die ersten fünf Treffer an der Tor-wand wurden im Mai 1974 erzielt.

51

Was wurde 1973 als „Sunshine Showdown" bezeichnet?

a Der Schwergewichtsboxkampf Frazier vs. Foreman

b Die abendliche Quoten-Konkurrenz von Sportsendungen

c Das erste Satellitenfoto von einem beleuchteten Footballstadion

52

Warum ist der Formel-1-Weltmeistertitel von Jochen Rindt bis heute einzigartig?

a Der Titel wurde posthum verliehen

b Der Titel wurde abgelehnt

c Der Titel wurde wieder aberkannt

1969-1973 **Sport** Fragen

51

a: Der legendäre Boxkampf fand am 22. Januar 1973 in Kingston, Jamaika statt. Es standen sich der damalige Schwergewichtsweltmeister „Smokin' Joe" Frazier und sein Herausforderer „Big" George Foreman gegenüber. Frazier, der als weltweit bester Schwergewichtsboxer galt, ging in den ersten beiden Runden sechs Mal zu Boden und erlitt die erste Niederlage seiner Karriere. Weltmeister Foreman wurde 1974 beim „Rumble in the Jungle" von Muhammad Ali entthront.

picture alliance/UPI

52

a: Am 5. September 1970 verunglückte der für Österreich fahrende Formel-1-Pilot tödlich, jedoch war sein Punktevorsprung für die Saison so groß, dass er als bis heute einziger Fahrer posthum zum Weltmeister erklärt wurde.

53

Mit welchem berühmten Musiker endete das Woodstock-Festival?

a Mit Joe Cocker

b Mit Richie Havens

c Mit Jimi Hendrix

54

Was war an dem Ergebnis des 14. Eurovision Song Contest 1969 so einmalig?

a Es gab keinen Sieger

b Es gab vier Sieger

c Der Sieger trat zurück

53

c: Das berühmteste Open-Air-Konzert der Welt begann am Freitag, 15. August 1969 mit dem noch unbekannten Folk-Musiker Richie Havens. Joe Cocker spielte am Sonntagmittag und Jimi Hendrix beendete das Festival am folgenden Montagmorgen. Er spielte von 9 bis 11:10 Uhr vor nur noch 35 000 Zuhörern und performte u. a. seine legendäre Interpretation der US-amerikanischen Nationalhymne „The Star-Spangled Banner".

54

picture alliance/MediaPunch

b: Beim 1969 in Madrid ausgetragenen Gesangs-wettbewerb wurden die Interpreten aus Spanien, Großbritannien und Nordirland, Niederlande und Frankreich als gleichwertige Sieger ausgezeichnet, da es seinerzeit noch kein Reglement für einen Gleichstand gab. Für Deutschland belegte Siw Malmkvist mit „Primaballerina" den 9. Platz.

55

In welcher deutschen Fernsehshow verbog
der Mentalist Uri Geller 1974 Besteck?

a „Der große Preis"

b „Einer wird gewinnen"

c „Drei mal Neun"

56

Wie lautet der
erste Titel der
Krimireihe Tatort?

ullstein bild – United Archives

a „Reifezeugnis"

b „Rot-rot-tot"

c „Taxi nach Leipzig"

55

c: Die von Wim Thoelke moderierte Donnerstag-abend-Fernsehshow gehörte von 1970 bis 1974 zu den beliebtesten Sendungen des ZDF. Neben den Auftritten bekannter Showgrößen sorgte der von Loriot gezeichnete und gesprochene Zeichentrick-hund Wum für große Beliebtheit. Neben Gellers Darbietung blieben die Auftritte von Verteidigungs-minister Helmut Schmidt (Juli 1971) an einer elektro-nischen Orgel und Bundesaußenminister Walter Scheel (Dezember 1973) mit dem Lied „Hoch auf dem gelben Wagen" in besonderer Erinnerung.

56

c: Mit Walter Richter als Kommissar Trimmel be-gann am Sonntag, 29. November 1970 die Erfolgs-geschichte der am längsten laufenden und belieb-testen Krimireihe im deutschsprachigen Raum. „Reifezeugnis" (1977) wurde mit Nastassia Kinski zum Skandal-Tatort, während „Rot-rot-tot" (1978) mit über 26 Mio. Zuschauern den Einschaltquoten-Rekord hält.

57

Wie hieß der dritte Mann, der mit Neil Armstrong und Buzz Aldrin im Juli 1969 zum Mond flog?

a Michael Collins

b Richard Gordon

c Stuard Roosa

ullstein bild – Heritage Images

58

Wo wird in Deutschland seit 1969 die exakteste Zeit gemessen?

a In Braunschweig

b In München

c In Wiesbaden

1969-1973 *Wissenschaft* Fragen

57

a: Während Armstrong und Aldrin über die Mondoberfläche hüpften, musste Collins im Mondorbit
verbleiben. Das gleiche „Schicksal" erfuhren
Gordon und Roosa bei den Mondmissionen
Apollo 12 und 14.

58

a: 1969 nahm die Physikalisch-Technische Bundes-
anstalt (PTB) in Braunschweig die Cäsium-Atomuhr
CS1 in Betrieb, mit der seit 1978 die gesetzliche
Zeit bestimmt wird. 1991 übernahm die neue
Cäsium-Atomuhr CS2 diese Aufgabe, die auch allen
Funkuhren sowie dem Internet die exakte Uhrzeit
übermittelt.

59

Aus welchem Material bestand das Boot „Ra", mit dem Thor Heyerdahl 1969 den Atlantik überqueren wollte?

a Aus Balsaholz

b Aus Palmblättern

c Aus Papyrus

ullstein bild – ullstein bild

60

Was gelang erstmals 1970 mit „The Blue Flame"?

a Die Rekordmarke für den längsten Raumflug

b Der Geschwindigkeitsrekord für Landfahrzeuge

c Eine ferngesteuerte Fahrt auf dem Mond

59

c: Der experimentelle Archäologe versuchte 1969 erstmals mit einem Papyrusboot von Marokko aus Amerika zu erreichen. Die 15 m lange „Ra" wurde nach dem Vorbild ägyptischer Reliefs und Wandmalereien und gefundener Tonmodelle entworfen. Das Unternehmen gelang 1970 mit der „Ra II", die nach 57 Tagen und 6100 km auf Barbados anlegte.

60

b: Mit einem Gemisch aus Erdgas und Wasserstoffperoxid überschritt das Raketenauto „The Blue Flame" am 28. Oktober 1970 als erstes Landfahrzeug die 1000 km/h-Marke. Der Weltrekord von 1001,667 km/h blieb 13 Jahre bestehen.

61

„Gute Nacht, John-Boy", hieß es bei den Waltons. Wie viele Geschwister hatte er?

a Fünf

b Sechs

c Sieben

ullstein bild – Pressefoto Kindermann

62

Wie eroberten „Space Invaders" die Welt?

a Durch einen Rolling-Stones-Song

b Mittels Spielautomaten

c Im Vorspann eines Spielberg-Films

1974-1978 *Alltag* Fragen

61

b: Zwischen 1972 und 1981 entstanden 221 Folgen der amerikanischen Familiensaga „Die Waltons", von denen ab 1975 sonntags um 18:15 Uhr etwa die Hälfte auch in Deutschland gezeigt wurde. Zur Familie des Ich-Erzählers John-Boy zählten: die vernünftige Mary-Ellen, der sensible Jim-Bob, der einfallsreiche Ben, die hübsche Erin, der musikalische Jason und Nesthäkchen Elizabeth.

62

ullstein bild – mirrorpix

b: 1978 kam das kultige Konsolenspiel zunächst in Japan auf den Markt, bei dem erstmals pixelige Aliens abgeschossen werden mussten. Das Automatenspiel war so beliebt, dass sogar das Gerücht aufkam, im ganzen Lande würden die Münzen knapp.

63

Playmobil-Figuren waren längst Alltag im Kinderzimmer. Was war daran 1978 neu?

a Es gab Figuren zum Anmalen

b Es gab Kinderfiguren

c Sie bekamen drehbare Hände

64

Wonach wurde der VW-Käfer-Nachfolger Golf benannt?

a Nach dem Hobby des Konzern-Chefs

b Nach dem Geburtsort des Entwicklers

c Nach dem Pferd eines Mitarbeiters

63

a: Neben dem Grundsortiment wurden 1978 erstmals weiße Figuren angeboten, die man mit besonderen Spezial-Color-Stiften selbst verzieren konnte. Eine neue Playmobil-Epoche begann 1981 mit kleineren Kindermodellen, bei denen man sogar die Hände drehen konnte. Ein Jahr später konnten sich auch die Hände der normalen Figuren bewegen.

64

picture alliance/Wolfgang Weihs

c: Der ab 1974 produzierte VW Golf I wurde zum Megaseller und tatsächlich nach dem neuen Pferd eines VW-Managers benannt.

65

Wodurch wurde der Rücktritt Willy Brandts von seinem Amt als Bundeskanzler im Mai 1974 ausgelöst?

a Durch ein Misstrauensvotum

b Aufgrund eines Finanzskandals

c Aufgrund einer Agentenaffäre

66

Wofür erhielten Bob Woodward und Carl Bernstein den Pulitzer-Preis?

a Für die Aufklärung illegaler Waffeneinsätze in Vietnam

b Für die Berichterstattung über die Watergate-Affäre

c Für die Arecibo-Botschaft an mögliche Außerirdische

65

c: Der enge Vertraute und Kanzlerreferent Günter Guillaume wurde als DDR-Spion entlarvt. Dadurch erhielt die von Brandt eingeleitete deutsch-deutsche Annäherungspolitik einen herben Rückschlag. Willy Brandt, der über die Spionageaffäre zutiefst erschüttert war, überahm mit seinem Rücktritt die politische Verantwortung dafür. Brandts Nachfolger wurde Helmut Schmidt (SPD).

66

(c) dpa

b: Die beiden Journalisten der „Washington Post" trugen mit ihrer Berichterstattung wesentlich zur Aufklärung der „Watergate-Affäre" bei, die 1974 zum Rücktritt von Präsident Nixon führte. Die „Arecibo-Botschaft" aus Radiowellen wurde tatsächlich im November 1974 von einem Observatorium in Arecibo aus ins All gesendet, jedoch nicht mit einem Preis gewürdigt.

67

Was machte den Herbst 1977 zum „Deutschen Herbst"?

a Raketen der Sowjetunion wurden auf bundesdeutsche Städte gerichtet

b Die Beziehungen zwischen DDR und BRD gelangten an einen Tiefpunkt

c Der Terrorismus in Deutschland erreichte seinen Höhepunkt

68

Was passierte dem DDR-Liedermacher Wolf Biermann 1976 nach seiner Konzertreise durch Westdeutschland?

a Die DDR verweigerte ihm die Wiedereinreise

b Stasi-Beamte der DDR verhafteten ihn nach einem Livekonzert

c Das WDR-Fernsehen bot ihm politisches Asyl an

1974-1978 *Politik* Fragen

67

c: Mit der Verschleppung und Ermordung von Arbeitgeberpräsident Hanns Martin Schleyer, der Entführung der Lufthansa-Maschine „Landshut" nach Somalia und dem Selbstmord inhaftierter RAF-Terroristen in Stuttgart-Stammheim geriet Deutschland im Herbst 1977 in seine schwerste innenpolitische Krise. Der Begriff leitet sich von dem Film „Deutschland im Herbst" ab, einer kritischen Dokumentation über die Reaktion des Staates auf den Terror.

68

ullstein bild – Zeckai

a: Nach der vom Politbüro der DDR genehmigten Konzertreise durch die BRD im November 1976 wurde dem Musiker „wegen grober Verletzung der staatsbürgerlichen Pflichten" die Wiedereinreise verwehrt. Die Ausbürgerung Biermanns sorgte für zahlreiche Proteste und viele weitere DDR-Künstler gingen ebenfalls ins bundesdeutsche Exil.

69

Wie lange dauerte das längste je gespielte Tischtennismatch?

a 132 Stunden

b 82 Stunden

c 32 Stunden

70

Wem gelangen erstmals fünf Treffer an der Torwand in „Das aktuelle Sportstudio"?

a Rudi Völler

b Günter Netzer

c Franz Beckenbauer

picture-alliance/Sven Simon

69

a: In Cherry Hill, New Jersey, standen sich Danny Price und Ryan Nunes vom 20. bis 26. August 1978 im Einzel gegenüber und spielten insgesamt 132 Stunden und 11 Minuten.

70

b: Die Torwand ist bereits seit 1964 im Einsatz, zunächst mit beiden Löchern oben, ab 1966 in der heute bekannten Version. Bis heute ist es noch keinem Studiogast gelungen, mit je drei Versuchen pro Loch sechs Treffer zu erzielen. Die ersten fünf Treffer gelangen Günter Netzer am 18. Mai 1974. Völler gelang das Kunststück später, Beckenbauer traf nur vier Mal.

71

Fußball-Weltmeisterschaft 1974 – Wie hieß das Maskottchen?

a Willie

b Juanito

c Tip und Tap

72

Was machte 1975 den Wimbledonsieg von Arthur Ashe so besonders?

a Er gewann als erster Schwarzer

b Er spielte das kürzeste Finale

c Er war der älteste Teilnehmer

71

c: Nach Willie (WM 1966) und Juanito (WM 1970) gab es bei der WM in Deutschland zum dritten Mal ein Maskottchen. Der Name der zwei Jungen leitet sich von dem Fuß-vor-Fuß-Auswahlverfahren bei Kindern ab.

(c) Picture-Alliance/ASA

72

a: Als der Amerikaner Arthur Robert Ashe Jr. (1943 – 1993) am 5. Juli 1975 im Finale überraschend Jimmy Connors schlug, ging er als erster schwarzer Wimbledon-Gewinner in die Geschichte ein.

73

Wie hieß der Fernsehkommissar Derrick mit Vornamen?

a Michael

b Horst

c Stephan

ullstein bild – Pressefoto Kindermann

74

Welches Gimmick war dem ersten Yps-Heft beigelegt?

a Das Abenteuerzelt

b Das Pulver, aus dem Urzeitkrebse wachsen

c Das Schleuder-Katapult

1974-1978 *Kultur* Fragen

73

c: Im Oktober 1974 saßen 31 Mio. Deutsche vor den Fernsehern, um die erste von insgesamt 281 Episoden der Fernsehkrimiserie „Derrick" zu verfolgen, die bis heute meistverkaufte deutsche Serie. Neben Horst Tappert in der Titelrolle des Münchener Oberinspektors Stephan Derrick spielte Fritz Wepper seinen Partner Inspektor Harry Klein. Übrigens, der viel zitierte Satz „Harry, hol' schon mal den Wagen!" kommt in der Serie so nicht vor.

74

c: Die Idee, einem Comic-Heft ein Gadget oder Gimmick beizulegen, wurde aus Frankreich übernommen. Bereits kurz nach seinem bundesweiten Erscheinen im Herbst 1975 wurde „Yps" sehr populär und war eines der erfolgreichsten und auflagenstärksten Comicmagazine der 1970er- und frühen 1980er-Jahre. Neben diversen Comics, Fotostrecken, Detektiv-Rätsel-Ecke und Abenteuergeschichten war die Beigabe das wichtigste Kaufargument. Das am häufigsten erschienene und beliebteste Gimmick waren die Urzeitkrebse (22-mal), gefolgt vom Abenteuerzelt (15-mal).

75

Welche Musical-Verfilmung gilt bis heute als einer der größten Kultfilme aller Zeiten?

a „Grease"

b „A Chorus Line"

c „The Rocky Horror Picture Show"

76

Welche berühmten Musikbands wurden 1977 gegründet?

a Village People, Dire Straits und Erste Allgemeine Verunsicherung

b Iron Maiden, AC/DC und Ideal

c Boney M, The Alan Parsons Project und Karat

1974–1978 *Kultur* Fragen

75

c: 1975 entstand die Kinofassung des Musicals „The Rocky Horror Show" (1973), die bis heute regelmäßig in den Kinos läuft. Im Juni 1977 konnten sich auch die deutschen Zuschauer erstmals über die bizarr-groteske Pop-Parodie um Dr. Frank N. Furter erfreuen.

ullstein bild – United Archives

76

a: Die Kostüm-Band wurde im Rahmen eines Castings gegründet, Dire Straits wurde mit der Gitarre von Mark Knopfler weltbekannt und EAV benannte sich in Anlehnung an ein ehemaliges österreichisches Versicherungsunternehmen. Die Bands unter b) gründeten sich erst 1980, während die unter c) schon seit 1975 unterwegs waren.

77

Welche bekannte Fernsehpuppe flog 1978 ins All?

a Kermit

b Sandmännchen

c Plumpaquatsch

78

Warum wurde die Engländerin Louise Joy Brown weltberühmt?

a Sie war das erste Retortenbaby der Welt

b Sie entwickelte die erste CD

c Sie erreichte als erste Frau einen Geschwindigkeitsrekord

ullstein bild – Klaus Winkler

77

b: Bei der dritten Sojus-Weltraummission saß am 28. August 1978 neben dem russischen Kosmonauten Walerij Bykowskij auch Sigmund Jähn aus der DDR in der Kapsel, der erste Deutsche im All. Beide Raumfahrer hatten bekannte Fernsehpuppen mitgenommen, Jähn das DDR-Sandmännchen und Bykowskij die sowjetische Fernsehpuppe Mascha, mit denen spontan eine „Puppenhochzeit" aufgeführt wurde.

78

a: Louise Joy Brown wurde am 25. Juli 1978 im englischen Oldham (bei Manchester) geboren, als erstes durch künstliche Befruchtung gezeugtes Kind.

79

Was wurde am 1. April 1976 auf einem Treffen des Homebrew Computer Clubs vorgestellt?

a Der Personal Computer

b Die Computermaus

c Die 8"-Diskette

80

Wie lange benötigte die Concorde 1978 für die Strecke Paris – New York?

a 3 Stunden, 30 Minuten und 11 Sekunden

b 4 Stunden, 15 Minuten und 2 Sekunden

c 5 Stunden, 28 Minuten und 10 Sekunden

79

a: Auf dem Treffen stellten die Apple-Firmengründer Steve Jobs und Steve Wozniak mit dem „Apple I" den weltweit ersten Personal Computer vor.

ullstein bild – NMSI/Science Museum

80

a: Das erste Überschall-Passagierflugzeug begann seinen Liniendienst bereits 1976 und sorgte bis zu seiner Einstellung 2003 immer wieder für Schlagzeilen. Am 22. August 1978 gelang der erste Streckenrekord mit einer Durchschnittsgeschwindigkeit von 1669 km/h. 1995 folgte der schnellste Flug mit Passagieren um die Welt: 31 Stunden, 27 Minuten und 49 Sekunden. 1996 die schnellste Atlantiküberquerung (New-York – London) der zivilen Luftfahrt: 2 Stunden, 52 Minuten und 59 Sekunden.